MENU

DIRETORIA: Jorge Carneiro e Rogério Ventura; **Diretor Editorial:** Henrique Ramos; **REDAÇÃO: Editor-chefe:** Daniel Stycer; **Editores:** Eliana Rinaldi, Renata Meirelles e Thomas Nieto; **Equipe Editorial:** Maria José Batista, Adriana Cruz, Sandra Ribeiro, Débora Justiniano, Hugo Wyler Filho, Juliana Borges, Lívia Barbosa, Verônica Bareicha, Daniela Mesquita, Dalva Corrêa, Maria Flavia dos Reis e Jefferson Peres; **ARTE:** Leo Fróes, Raquel Soares, Franconero Eleutério, Julio Lapenne, Laércio Costa, Jefferson Gomes, Talitha Magalhães e Raphael Bellem; **Edição e Tratamento de Imagem:** Luciano Urbano, Reinaldo Pires e Cristian Barboza; **Diagramação:** Maria Clara Rodrigues e Evandro Matoso; **Produção Gráfica:** Jorge Silva; **Tecnologia da Informação:** Márcio Marques; **Marketing:** Bernadette Caldas (gerente), Cássia Nascimento, Patrícia Reis, Everson Chaves, Luiza Martins e Jully Anne Costa; **Controle:** William Cardoso e Clayton Moura; **Circulação:** Luciana Pereira, Sara Martins, Wagner Cabral e Alexander Lima; **EDIOURO PUBLICAÇÕES DE PASSATEMPOS E MULTIMÍDIA LTDA.** Rua Nova Jerusalém, 345, CEP 21042-235 – Rio de Janeiro, RJ. Tel.: (0XX21) 3882-8200, Fax: (0XX21) 2290-7185; **Distribuição:** DINAP Ltda. – Estr. Dr. Kenkiti Shimomoto, 1678 – Jardim Conceição, Osasco, SP. Tel.: PABX (0XX11) 3789-3000.

Conteúdo e projeto visual
startUP comunicação

Editor: Edgar Melo
Mtb – 47.499/SP

Diretor de Arte: Samuel Moreno

Assist. de Arte: André Barbosa

Reportagem: Michelle Raeder

Culinarista: Janete Campos

Revisão: Erika Horigoshi

Informações técnicas:
Todas as receitas publicadas nesta edição foram testadas por um profissional da área de gastronomia, não sendo o seu resultado de responsabilidade dos editores. Algumas imagens são meramente ilustrativas e não correspondem ao resultado final das receitas. Não deixe de consultar um médico antes de criar o cardápio de seu filho e nunca substitua o aleitamento materno por outros alimentos antes dos 6 meses de idade. Este guia é apenas uma referência de receitas e não tem o papel de oferecer instruções sobre quais alimentos uma criança pode ou não consumir. Para isso, não deixe de procurar orientações médicas.

Pesquisa e referências:
Meu Pratinho Saudável

Fotos: Shutterstock e colaboradores

 POR MICHELLE RAEDER

Muito além de um ato de amor

Amamentação materna tem muitos pontos positivos; além de ser um momento especial para mãe e filho, a lactação proporciona inúmeros benefícios à saúde das crianças

Amor, carinho, aconchego, afeto e o fortalecimento de um vínculo eterno entre mãe e filho. Este é o ato de amamentar, que, além de todas essas vantagens, ainda promove diversos benefícios para a saúde da mãe e do bebê.

"O ato de amamentar favorece o fortalecimento do vínculo entre mãe e filho, já que permite que o bebê reconheça o cheiro da mãe e seus batimentos cardíacos, que ele já estava acostumado a ouvir durante a vida intrauterina. Com isso, ele associa esse momento de calma, de sossego, de aconchego e bem-estar ao ato de se alimentar, que passa a ser um momento muito bom. Para a mãe, será um prazer estar em contato com seu filho", descreve a pediatra do Instituto da Criança do Hospital das Clínicas de São Paulo e membro do Departamento de Aleitamento Materno na Sociedade de Pediatria de São Paulo e da Sociedade Brasileira de Pediatria, Valdenise Tuma Calil.

Além de ser um ato de amor, a amamentação garante a saúde dos bebês e ajuda a imunizá-los contra doenças respiratórias, diarreias, doenças crônicas, problemas cardiovasculares e diabetes. "O leite materno é considerado o alimento mais completo para o bebê. Nele, estão contidas todas as proteínas, vitaminas, gorduras, água e outros elementos necessá-

rios para o seu completo e correto desenvolvimento. A amamentação também contribui para o desenvolvimento emocional da criança, por conta da forte ligação com a mãe; mais tarde, isso irá ajudá-la no seu relacionamento interpessoal", afirma o ginecologista da Criogênesis, Renato de Oliveira.

TROCA MÚTUA

É sabido que o leite materno é o melhor alimento para a criança, e a Organização Mundial da Saúde (OMS) recomenda o aleitamento exclusivo até os 6 meses de idade, sem nenhuma necessidade de complementação, e deve ser mantido pelo menos até os 2 anos ou mais. "O desmame deve ser natural, de acordo com a mãe e a criança. A mulher que consegue amamentar fica muito feliz e tranquila", completa Valdenise.

De acordo com a pediatra, o leite materno, além de conter todos os nutrientes adequados para o bebê, tem propriedades que proporcionam um esvaziamento gastrointestinal mais rápido, formando coalhos (grumos) mais finos e mais digestíveis, e é extremamente importante para a formação do sistema imunológico da criança, pois ele tem mais de 250 tipos diferentes de fatores de defesa contra infecções. "Todas as experiências imunológicas da mãe, as infecções que ela teve durante sua vida e os anticorpos que circulam em seu organismo passam para o leite e protegem o bebê contra infecções, principalmente em seus primeiros meses de vida, quando ele ainda não tem suas defesas desenvolvidas", explica a pediatra.

Outro benefício para o bebê está ligado ao ato de sugar o peito. O desenvolvimento do sistema motor-oral, composto por bochechas, lábios, língua e mandíbula, está diretamente ligado à amamentação, ou seja, é um importante exercício para a criança.

Contudo, a amamentação não traz benefícios apenas para a criança; o ato também ajuda as mães. "É uma troca de benefícios. A lactação auxilia na redução do sangramento pós-parto, liberando um hormônio chamado ocitocina, que permite a liberação do leite na mama e contrai o útero, a fim de parar o sangramento. Auxilia na redução de peso, pois a gordura que ela reservou na gravidez para ter energia para produzir o leite passa a ser consumida no aleitamento. Também é eficiente para prevenir câncer de mama, útero e ovário e reduz a chance de osteoporose na mulher. Por último, a mulher que amamenta regularmente está protegida de uma nova gravidez, pois este ato tem efeito anticoncepcional, desde que praticado regularmente", enumera Valdenise.

A pediatra ainda acrescenta que, além de todos os benefícios já citados, o leite materno é de graça. "O alimento está sempre pronto, na temperatura ideal, e é a melhor alimentação que a criança pode receber".

- ***MITOS:*** O leite nunca é fraco, ele sempre estará adequado às necessidades da criança. Lembre-se: a natureza tira da mãe para dar para a criança, nunca o contrário.
  - O silicone não interfere na qualidade do leite materno, pois as próteses ficam localizadas abaixo das glândulas mamárias.
- ***REALIDADE:*** A criança não precisa de alimentação complementar até os 6 meses, nem de água. Dê somente o leite materno.

LIVRE DEMANDA

O bebê mama no momento em que ele tem vontade, a mãe não estabelece horários rígidos para as mamadas. Esse sistema é bom, porque, às vezes, o peito é oferecido no momento em que o bebê está com sono, e não com fome.

É importante manter esse regime no começo e, com o passar do tempo, a própria criança vai estabelecendo seus horários e se adapta, espaçando as mamadas. Não são as mães que devem estabelecer os horários para as mamadas, isso pode até diminuir a produção do leite.

DICAS

- Conheça a importância da amamentação materna. Bebês amamentados no peito têm um desenvolvimento maior do sistema nervoso na parte da inteligência, inclusive os prematuros.
- Não desista de amamentar. Sempre que tiver dúvida ou dificuldade, procure ajuda. Pode ser com o pediatra ou nos bancos de leite humano. A Rede Brasileira de Bancos de Leite Humano é um importante local para orientação sobre lactação.
- Descanse. A produção do leite está ligada ao sistema nervoso; se a mãe ficar muito desgastada, não terá leite suficiente.
- Não dê chupeta ao bebê nos intervalos das mamadas, nem as espace demais, isso pode prejudicar a produção do leite.
- Não dê outro tipo de leite ao seu bebê, você irá desestimulá-lo a mamar no peito. Não dê ouvidos aos que falam que seu leite está fraco e que a criança precisa de mamadeira para ajudar a crescer ou a ganhar peso.
- Consuma bastante líquido, principalmente água. Tome pelo menos oito copos por dia, para ajudar na produção do leite, pois ele consome a água do organismo da mãe.
- Evite o fumo e a bebida alcoólica, eles passam para o leite e mudam o seu sabor. O álcool deixa o bebê sonolento e o fumo o estimula.
- Aumente seu consumo calórico em cerca de 500 a 600 calorias por dia, pois essa energia será gasta na produção do leite.

CUIDADOS COM A MAMA

- Não use sabonetes, álcool, pomadas ou perfume. A limpeza deve ser feita apenas com água.
- Faça um banho de sol ou de luz na região. É importante expor os seios 15 minutos por dia à luz do sol, ou a uma lâmpada incandescente de 40 watts, a uma distância de 40 cm. Esse processo ajuda na cicatrização dos mamilos.
- Antes e depois de amamentar, passe o próprio leite ao redor dos mamilos. Além de ajudar na cicatrização, isso também auxilia na prevenção de infecções.
- Quando a dor for muito forte, tome um analgésico 30 minutos antes de amamentar. Lembre-se de conversar com o médico sobre o remédio mais indicado para a fase de amamentação.

ALIMENTAÇÃO DA MÃE

Como tudo o que a mãe consome é transmitido à criança por meio do leite, é preciso ter alguns cuidados com a alimentação. De acordo com a pediatra, a qualidade dos alimentos consumidos pela mãe pode interferir no gosto do leite. "Alimentos ácidos, cítricos e condimentados podem alterar o sabor do leite, ocasionando até a recusa do peito por parte da criança".

Alimentos muito ácidos, gordurosos ou que causam gases podem gerar cólicas, e a cafeína, que está presente também no chocolate, estimula a criança. "Outro ponto importante é quanto ao consumo do leite de vaca. Se a criança tiver qualquer tipo de alergia ou intolerância, ela poderá apresentar sintomas como cólicas e refluxo e, neste caso, a mãe precisará excluir esses alimentos de sua dieta", alerta Valdenise.

Já a bebida alcoólica, desde que seja consumida em pouca quantidade, não constitui uma contraindicação absoluta. Segundo Renato de Oliveira, porém, deve-se ressaltar que cada organismo reage de forma diferente à mesma quantidade de álcool. Além disso, a bebida pode alterar a produção de leite. "Sendo assim, o pequeno consumo não está proibido, mas desestimulado. É importante manter hábitos saudáveis de alimentação. Os alimentos mais indicados são grãos, cereais integrais, frutas, verduras e alimentos ricos em proteínas, cálcio e ferro. A água também é uma ótima aliada", afirma o ginecologista.

Para crianças a partir de 6 MESES

Papinha de feijão

INGREDIENTES

- 1 fio de azeite
- 50 g de carne picada
- 1 colher (sopa) de cebola picada
- ½ xícara (chá) de abóbora picada
- ½ xícara (chá) de espinafre (apenas as folhas)
- Água (quanto baste)
- ½ xícara (chá) de feijão carioca cozido previamente
- Sal

MODO DE PREPARO

Em uma panela, coloque o fio de azeite e refogue a carne. Acrescente a cebola, a abóbora, o espinafre, coloque água até cobrir os alimentos e cozinhe em fogo baixo por 20 minutos, ou até deixar a abóbora bem macia. Acrescente o feijão já cozido e retorne ao fogo por mais 5 minutos. Deixe amornar e passe tudo por uma peneira. Volte a mistura para a panela e tempere-a com uma pitada de sal.

Papinha de frango

TEMPO DE PREPARO: **30 MIN.**

GRAU DE DIFICULDADE: **FÁCIL**

RENDIMENTO: **4 PORÇÕES**

Para crianças a partir de 6 MESES

INGREDIENTES

- 100 g de peito de frango picado
- 1 fio de azeite
- 1 mandioquinha
- 1 talo de salsão
- 1 cenoura pequena
- Água (quanto baste)
- Sal

MODO DE PREPARO

Na panela, refogue o peito de frango com um fio de azeite, acrescente a mandioquinha, o salsão e a cenoura. Cubra tudo com água filtrada e cozinhe em fogo baixo, até os legumes ficarem macios. Deixe amornar e passe a mistura pela peneira. Volte-a para a panela e acrescente uma pitada de sal.

Papinha de carne com batata-doce

TEMPO DE PREPARO: **25 MIN.**

GRAU DE DIFICULDADE: **FÁCIL**

RENDIMENTO: **4 PORÇÕES**

DICA CERTA!
Na primeira fase, os alimentos são servidos em consistência de purê. A partir dos 9 meses, eles devem ser amassados com um garfo, para incentivar a mastigação.

INGREDIENTES

- 50 g de músculo de boi picado
- 1 fio de azeite
- 1 colher de cebola picada
- 100 g de batata-doce
- 1 cenoura pequena
- Água (quanto baste)
- Sal

MODO DE PREPARO

Refogue a carne com um fio de azeite, acrescente a cebola, a batata e a cenoura. Acrescente água até cobrir tudo e cozinhe em fogo baixo, até obter uma consistência bem macia. Deixe amornar e passe tudo por uma peneira. Volte a mistura para a panela e tempere-a com uma pitada de sal.

Para crianças a partir de 6 MESES

Papinha de carne com arroz e beterraba

INGREDIENTES

- 50 g de carne picada
- 1 fio de azeite
- 1 beterraba pequena
- 1 batata pequena
- Água (quanto baste)
- 2 colheres (sopa) de arroz integral cozido
- Sal

TEMPO DE PREPARO: ***25 MIN.***

GRAU DE DIFICULDADE: ***FÁCIL***

RENDIMENTO: ***5 PORÇÕES***

Para crianças a partir de 6 MESES

MODO DE PREPARO

Em uma panela, refogue a carne com um fio de azeite, acrescente os legumes picados e água até cobrir tudo. Cozinhe os alimentos em fogo baixo, até obter uma consistência macia. Acrescente o arroz integral já cozido, deixe amornar e amasse tudo com um garfo. Volte a mistura para a panela e tempere-a com uma pitada de sal.

Sopa com macarrão

Para crianças a partir de 7 MESES

TEMPO DE PREPARO: ***30 MIN.***

GRAU DE DIFICULDADE: ***FÁCIL***

RENDIMENTO: ***4 PORÇÕES***

INGREDIENTES

» 200 g de peito de frango

» 1 fio de azeite

» 1 tomate sem pele

» 1 cenoura média

» Água (quanto baste)

» ½ pacote de macarrão para sopa

» 1 ovo cozido

» Sal

MODO DE PREPARO

Em uma panela, refogue o frango picado com o azeite. Acrescente o tomate, a cenoura e cubra com água filtrada. Cozinhe em fogo baixo, até a cenoura estar macia. No liquidificador, bata tudo e volte à panela. Acrescente o macarrão e deixe cozinhar. Acrescente o ovo bem picadinho e tempere com uma pitada de sal.

Papinha de carne com vegetais

DICA CERTA!
Por causa da consistência da couve, bata tudo no liquidificador.

Para crianças a partir de **7 MESES**

INGREDIENTES

- 50 g de acém
- 1 fio de azeite
- 1 batata média
- ½ abobrinha
- ½ folha de couve
- Água (quanto baste)
- Sal

MODO DE PREPARO

Refogue a carne com um fio de azeite, acrescente os legumes e a couve. Cubra tudo com água filtrada e deixe cozinhar em fogo baixo, até que os legumes fiquem macios. Tempere a papinha com uma pitada de sal.

TEMPO DE PREPARO: ***25 MIN.***

GRAU DE DIFICULDADE: ***MÉDIO***

RENDIMENTO: ***4 PORÇÕES***

Papinha de legumes

TEMPO DE PREPARO: ***20 MIN.***

GRAU DE DIFICULDADE: ***MÉDIO***

RENDIMENTO: ***6 PORÇÕES***

Para crianças a partir de 6 MESES

INGREDIENTES

» 1 cenoura média

» 1 chuchu

» 1 abobrinha

» ½ abóbora

» 1 batata pequena

» Água (quanto baste)

» 1 fio de azeite

» Sal

MODO DE PREPARO

Em uma panela, coloque todos os legumes picados. Acrescente água para cobri-los e cozinhe-os em fogo baixo, até que tudo fique bem macio. Deixe esfriar e bata tudo no liquidificador. Volte a mistura para a panela, tempere-a com um fio de azeite e uma pitada de sal.

Sopa de feijão-branco, abóbora e escarola

INGREDIENTES

- 1 fio de azeite
- 1 cebola média picada
- 1 xícara (chá) de abóbora madura
- 3 xícaras (chá) de água
- 1 xícara (chá) de feijão-branco já cozido
- ½ maço de escarola fatiada
- Sal

MODO DE PREPARO

Aqueça o fio de azeite, doure a cebola, junte a abóbora e refogue em fogo baixo, até amolecer a abóbora. Acrescente a água até cobrir tudo e cozinhe com tampa fechada por 5 minutos. Junte o feijão cozido e a escarola. Cozinhe a mistura até levantar fervura. Tempere com uma pitada de sal.

Sopa de lentilha com carne

Para crianças a partir de 9 MESES

TEMPO DE PREPARO: **20 MIN.**

GRAU DE DIFICULDADE: **MÉDIO**

RENDIMENTO: **3 PORÇÕES**

INGREDIENTES

- 1 fio de azeite
- 100 g de músculo em pedaços
- 1 colher (sopa) de cebola
- 1 xícara (chá) de lentilha
- 3 xícaras (chá) de água
- Sal

MODO DE PREPARO

Em uma panela, coloque o fio de azeite, refogue o músculo e acrescente a cebola. Deixe tudo dourar, coloque a lentilha, a água e cozinhe em fogo baixo até desmanchar. Acrescente uma pitada de sal.

Papinha doce de maçã

INGREDIENTES

- 3 maçãs
- 1 xícara (chá) de água

MODO DE PREPARO

Em uma panela, coloque as maçãs sem casca, sem sementes e picadas. Acrescente a água e cozinhe em fogo baixo, até que desmanchem.

Para crianças a partir de 5 MESES

TEMPO DE PREPARO: **20 MIN.**

GRAU DE DIFICULDADE: **FÁCIL**

RENDIMENTO: **3 PORÇÕES**

Papinha de goiaba

INGREDIENTES

» 4 goiabas vermelhas

» 1 xícara (chá) de água

MODO DE PREPARO

Em uma panela, coloque as goiabas sem as sementes, picadas e sem casca. Cubra-as com água e cozinhe em fogo baixo, até que fiquem bem macias, em ponto de purê. A partir dos 12 meses, pode ser acrescentada uma colher de mel à mistura.

Papinha de manga

INGREDIENTES

» 2 mangas tipo *palmer* médias e maduras

» ½ xícara (chá) de água

TEMPO DE PREPARO: **25 MIN.**

GRAU DE DIFICULDADE: **FÁCIL**

RENDIMENTO: **3 PORÇÕES**

MODO DE PREPARO

Em uma panela, coloque as mangas sem casca e picadas, acrescente a água e cozinhe-as até reduzir a água e obter a consistência de purê.

DICA CERTA!

Use um mixer para atingir uma melhor consistência.

Para crianças a partir de

10

MESES

TEMPO DE PREPARO: ***45 MIN.***

GRAU DE DIFICULDADE: ***FÁCIL***

RENDIMENTO: ***8 PORÇÕES***

Purê de batata gratinado com legumes

Para crianças a partir de **1 ANO**

INGREDIENTES

- 6 batatas
- 1 colher (chá) de manteiga
- ¼ de xícara (chá) de leite
- 1 colher (sopa) de queijo parmesão ralado
- ½ xícara (chá) de creme de leite
- 1 cebola pequena picada
- 1 colher (sopa) de azeite
- 1 xícara (chá) de ervilha fresca
- 1 cenoura cortada em cubos
- 1 abobrinha picada
- Sal
- Muçarela ralada

MODO DE PREPARO

Cozinhe as batatas e amasse-as. Misture a manteiga e o leite, acrescente o queijo ralado e o creme de leite. Em outra panela, doure a cebola no azeite e refogue os legumes, acrescente o sal. Em um refratário untado com um pouco de manteiga, coloque os legumes, cubra-os com o purê e polvilhe a muçarela. Leve para gratinar em forno médio a 180º.

Para crianças a partir de 18 MESES

TEMPO DE PREPARO: **45 MIN.**

GRAU DE DIFICULDADE: **MÉDIO**

RENDIMENTO: **4 PORÇÕES**

Ensopado de grão-de-bico com espinafre e ovo

INGREDIENTES

- ½ xícara (chá) de grão-de-bico
- 3 xícaras (chá) de água
- 1 dente de alho
- 2 colheres de óleo de canola
- 1 cenoura pequena picada
- 1 xícara (chá) de folhas de espinafre
- 1 ovo
- Sal

MODO DE PREPARO

Deixe o grão-de-bico de molho de véspera. Lave e cozinhe-o na pressão, com a água e o alho por 15 minutos. Retire-o da pressão e reserve. Coloque em outra panela o óleo, a cenoura, o espinafre e tempere tudo com sal. Cozinhe por mais 5 minutos. Misture tudo e sirva com um ovo cozido.

Ensopado de frango com feijão

INGREDIENTES

- 2 colheres (sopa) de óleo de canola
- ½ kg de sobrecoxa de frango picado
- 1 dente de alho picado
- 1 cebola picada
- 1 xícara (chá) de molho de tomate
- ½ xícara (chá) de água
- Sal
- 1 xícara (chá) de feijão cozido

MODO DE PREPARO

Em uma panela, aqueça o óleo e doure os pedaços de frango. Adicione o alho e a cebola, refogue um pouco mais e acrescente o molho de tomate, a água e o sal. Cozinhe em fogo baixo com tampa, até que o frango fique macio. Adicione o feijão e mexa por mais alguns minutos.

Para crianças a partir de 1 ANO

TEMPO DE PREPARO: **50 MIN.**

GRAU DE DIFICULDADE: **MÉDIO**

RENDIMENTO: **6 PORÇÕES**

Para crianças a partir de 15 MESES

Nhoque de mandioquinha

INGREDIENTES PARA A MASSA

» ½ kg de mandioquinha cozida e amassada

» ½ xícara (chá) de farinha de trigo

» 1 colher (sopa) de manteiga

» 1 gema de ovo

» 1 colher (café) de sal

MODO DE PREPARO

Coloque em um refratário a mandioquinha amassada, a farinha, a manteiga, a gema e o sal, até conseguir o ponto de uma massa homogênea. Se necessário, coloque mais farinha. Faça bolinhas e coloque-as em um refratário.

TEMPO DE PREPARO: ***1 HORA***

GRAU DE DIFICULDADE: ***MÉDIO***

RENDIMENTO: ***4 PORÇÕES***

INGREDIENTES PARA O MOLHO

» 2 colheres (sopa) de óleo de canola

» 2 colheres (sopa) de cebola picada

» ½ kg de peito de frango picado

» 1 lata de molho de tomate pelado

» ½ xícara (chá) de água

» Sal

MODO DE PREPARO

Em uma panela, coloque o óleo e refogue a cebola e o frango, até que ele fique macio. Coloque o tomate, a água e tempere com sal. Misture por mais 5 minutos. Cubra o nhoque com o molho e leve-o ao forno por 10 minutos. Deixe-o amornar e sirva.

Macarrão com lentilha e carne moída

INGREDIENTES

» ½ xícara (chá) de lentilha
» 1 xícara (chá) de água
» 4 colheres (sopa) de azeite
» 200 g de carne moída
» 1 cebola pequena picada
» 3 tomates sem pele e sem sementes
» Sal
» ½ pacote de macarrão tipo parafuso
» 2 colheres (sopa) de salsinha

MODO DE PREPARO

Em uma panela média, coloque a lentilha e a água. Cozinhe-a até que fique macia e reserve. Em outra panela, coloque o azeite e refogue a carne com a cebola e o tomate. Acrescente a lentilha, tempere-a com sal e cozinhe por mais 5 minutos. Cozinhe o macarrão separadamente, escorra a água e despeje o molho sobre a massa. Cubra com salsinha. Sirva em seguida.

TEMPO DE PREPARO: ***1 HORA***
GRAU DE DIFICULDADE: ***FÁCIL***
RENDIMENTO: ***6 PORÇÕES***

Para crianças a partir de 1 ANO

Arroz colorido

INGREDIENTES

» 2 colheres (sopa) de óleo de canola
» 1 cebola pequena picada
» 1 xícara (chá) de arroz branco
» 2 xícaras (chá) de água morna
» Sal
» ½ maço de brócolis (só os buquês)
» ½ xícara (chá) de cenoura picadinha

MODO DE PREPARO

Em uma panela, coloque o óleo e refogue a cebola com o arroz. Coloque a água, o sal e deixe cozinhar por cinco minutos. Antes de secar a água, acrescente o brócolis e a cenoura. Cozinhe em fogo baixo até secar a água e sirva.

TEMPO DE PREPARO: ***25 MIN.***

GRAU DE DIFICULDADE: ***FÁCIL***

RENDIMENTO: ***5 PORÇÕES***

Para crianças a partir de 1 ANO

Panqueca colorida de espinafre

TEMPO DE PREPARO: ***20 MIN.***

GRAU DE DIFICULDADE: ***FÁCIL***

RENDIMENTO: ***6 PORÇÕES***

INGREDIENTES PARA A MASSA

» 1 xícara (chá) de leite

» ½ xícara (chá) de farinha de trigo

» 1 xícara (chá) de folhas de espinafre

» ½ colher (sopa) de sal

» 1 colher (sopa) de manteiga derretida

» 2 ovos

INGREDIENTES PARA O RECHEIO

» 1 lata de atum sólido

» 1 cenoura média ralada

» 1 colher de salsinha

» Sal a gosto

MODO DE PREPARO

Em um liquidificador, bata todos os ingredientes da massa, até que ela fique homogênea. Em fogo médio, aqueça uma frigideira pincelada com a manteiga, despeje uma concha de massa e espalhe-a. Cozinhe dos dois lados. Para o recheio, misture tudo em uma vasilha e recheie as panquecas. Sirva em seguida.

Para crianças a partir de 15 MESES

Arroz integral com alho-poró

INGREDIENTES

» 1 colher (café) de óleo

» 1 xícara (chá) de alho-poró

» ½ xícara (chá) de cenoura em cubos

» 1 xícara (chá) de arroz integral

» Sal

» 3 xícaras (chá) de água fervente

MODO DE PREPARO

Em uma panela, coloque o óleo e refogue o alho-poró com a cenoura. Acrescente o arroz e refogue por mais 5 minutos. Adicione o sal e a água, deixe cozinhar em fogo baixo, até a água secar, tampe e deixe por mais 5 minutos. Sirva em seguida.

Para crianças a partir de 1 ANO

TEMPO DE PREPARO: ***30 MIN.***

GRAU DE DIFICULDADE: ***FÁCIL***

RENDIMENTO: ***2 PORÇÕES***

Arroz com abóbora

Para crianças a partir de 1 ANO

TEMPO DE PREPARO: ***1 HORA***

GRAU DE DIFICULDADE: ***MÉDIO***

RENDIMENTO: ***4 PORÇÕES***

INGREDIENTES

» 2 colheres (sopa) de manteiga

» 3 colheres (sopa) de cebola picada

» 1 xícara (chá) de abóbora picada

» 1 colher (chá) de sal

» Água (quanto baste)

» 1 xícara (chá) de arroz integral

» 1 dente de alho

» 1 colher (sopa) de salsa picada

MODO DE PREPARO

Em uma panela, aqueça 1 colher (sopa) de manteiga e doure a cebola. Acrescente a abóbora, o sal e refogue tudo. Cubra os ingredientes com água e cozinhe-os até desmanchar. Reserve. Para o arroz, aqueça o restante da manteiga, refogue o alho, acrescente o arroz, 2 ½ xícaras de água e cozinhe. Quando estiver quase pronto, junte a abóbora delicadamente, salpique a salsa e tampe a panela por 5 minutos.

Salada de arroz integral

INGREDIENTES

- » 2 colheres (sopa) de azeite
- » 1 xícara (chá) de ervilha
- » 2 xícaras (chá) de arroz integral cozido
- » 1 ovo cozido
- » Salsa para polvilhar

MODO DE PREPARO

Em uma panela, coloque o azeite, refogue a ervilha, acrescente o arroz, o ovo picado e polvilhe a salsa.

TEMPO DE PREPARO: ***25 MIN.***

GRAU DE DIFICULDADE: ***FÁCIL***

RENDIMENTO: ***4 PORÇÕES***

Para crianças a partir de 1 ANO

Risoto de queijo com tomate

INGREDIENTES

- 1 tablete de caldo de galinha
- 5 xícaras (chá) de água quente
- 3 colheres (sopa) de margarina
- 1 cebola pequena ralada
- 2 xícaras (chá) de arroz para risoto
- 3 colheres (sopa) de queijo ralado
- 6 colheres de sopa de molho de tomate
- 3 colheres de sopa de azeite
- Folhas de manjericão

TEMPO DE PREPARO: ***50 MIN.***

GRAU DE DIFICULDADE: ***FÁCIL***

RENDIMENTO: ***8 PORÇÕES***

MODO DE PREPARO

Aqueça a água com o tablete de caldo de galinha até que ele derreta. Reserve. Aqueça, em outra panela, 2 colheres (sopa) de margarina, refogue a cebola, acrescente o arroz e refogue tudo moderadamente. Aos poucos, acrescente o caldo e cozinhe, mexendo até o líquido secar. Faça o mesmo, até que acabe o caldo de galinha. Deixe o arroz cozido, porém firme, e acrescente o restante da margarina, o queijo, o molho de tomate e o azeite. Cubra com manjericão e sirva.

Risoto de azeitonas com atum

TEMPO DE PREPARO: ***35 MIN.***

GRAU DE DIFICULDADE: ***FÁCIL***

RENDIMENTO: ***4 PORÇÕES***

Para crianças a partir de 18 MESES

INGREDIENTES

- 2 colheres (sopa) de margarina
- 1 cebola picada
- 1 xícara (chá) de arroz para risoto
- 3 xícaras (chá) de caldo de legumes
- 1 lata de atum sólido
- 3 colheres (sopa) de azeitonas verdes
- ½ xícara (chá) de creme de leite fresco

MODO DE PREPARO

Em uma panela, coloque a margarina e doure a cebola. Acrescente o arroz e refogue. Acrescente 1 xícara (chá) de caldo por vez, até secar. Mexa e acrescente o caldo até acabar e o arroz ficar cozido, porém firme. Coloque o atum sólido, a azeitona o creme de leite. Mexa tudo e sirva em seguida.

DICA CERTA!
Sirva o rocambole com folhas verdes ou com rodelas de cenoura.

Rocambole de frango com recheio de legumes

INGREDIENTES PARA A MASSA

- 1 kg de peito de frango picado
- 1 cebola ralada
- 2 colheres (sopa) de salsa picada
- Sal
- Pimenta
- 1 colher (sopa) de margarina

INGREDIENTES PARA O RECHEIO

- 1 colher (sopa) de margarina
- 1 colher (sopa) de farinha de trigo
- ½ xícara (chá) de leite
- 1 xícara (chá) de folhas de espinafre picadas
- ½ xícara (chá) de milho
- ½ xícara (chá) de ricota
- Sal

TEMPO DE PREPARO: ***45 MIN.***

GRAU DE DIFICULDADE: ***FÁCIL***

RENDIMENTO: ***4 PORÇÕES***

Para crianças a partir de 15 MESES

MODO DE PREPARO

Coloque no processador o frango, a cebola, a salsa, o sal, a pimenta e a margarina. Triture até formar uma massa espessa. Despeje a massa sobre um papel alumínio e abra-a com o auxílio de um rolo. Reserve. Para o recheio, em uma panela média, derreta a margarina e doure a farinha. Acrescente o leite, o espinafre, o milho e a ricota. Tempere com sal e reserve. Na montagem, recheie a massa de frango com a mistura e feche, formando um rocambole. Pressione-o bem. Asse por 30 minutos.

Suflê de frango e milho

INGREDIENTES

- 3 colheres (sopa) de margarina
- 1 cebola média ralada
- 1 dente de alho picado
- ½ peito de frango cozido e desfiado
- 4 colheres (sopa) de farinha de trigo
- 1 xícara (chá) de leite
- Sal
- Noz-moscada
- 3 gemas
- 1 xícara (chá) de milho-verde
- 3 claras em neve

TEMPO DE PREPARO: ***45 MIN.***

GRAU DE DIFICULDADE: ***FÁCIL***

RENDIMENTO: ***2 PORÇÕES***

Para crianças a partir de 1 ANO

MODO DE PREPARO

Em uma panela média, aqueça a margarina e refogue a cebola, o alho e o frango. Quando tudo estiver quase dourado, polvilhe a farinha de trigo, mexendo sempre, até amarelar. Aos poucos, vá adicionando o leite, mexendo sempre. Tempere com sal e noz-moscada. Retire do fogo, acrescente as gemas uma a uma, misturando bem. Acrescente o milho e misture. Junte as claras em neve levemente. Coloque o suflê em um recipiente untado e leve-o ao forno a 180°, preaquecido por 25 minutos.

Carne no feijão

Para crianças a partir de 1 ANO

INGREDIENTES PARA A MASSA

- 1 xícara (chá) de feijão-carioca
- 1 litro de água
- 200 g de carne moída
- 1 cebola grande ralada
- 1 dente de alho
- 3 colheres (sopa) de azeite
- 2 colheres (sopa) de farinha de trigo
- Sal

MODO DE PREPARO

Lave bem o feijão e, com a água, cozinhe-o em uma panela de pressão por 45 minutos. Em uma frigideira, refogue a carne no azeite, a cebola e o alho. Retire o feijão da panela e amasse-o ligeiramente com um garfo. Junte o feijão, a carne moída, a farinha de trigo e refogue. Misture bem, tempere com sal.

Cubinhos de frango com brócolis

INGREDIENTES

- » ½ kg de peito de frango em cubos
- » 2 colheres (sopa) de azeite
- » 1 xícara (chá) de brócolis em pedaços
- » Sal

TEMPO DE PREPARO: ***25 MIN.***

GRAU DE DIFICULDADE: ***FÁCIL***

RENDIMENTO: ***4 PORÇÕES***

Para crianças a partir de 18 MESES

MODO DE PREPARO

Em uma panela, coloque o azeite e refogue o frango até dourar. Acrescente o brócolis, o sal e cozinhe tudo em fogo baixo por 10 minutos.

Hambúrguer do mar

Para crianças a partir de 18 MESES

> **DICA CERTA!**
> Sirva o hambúrguer com purê de batata ou como preferir.

TEMPO DE PREPARO: ***30 MIN.***

GRAU DE DIFICULDADE: ***FÁCIL***

RENDIMENTO: ***4 PORÇÕES***

MODO DE PREPARO

Coloque em um refratário o atum sem o óleo, a aveia, a cebola, a gema, a cenoura, a salsa e o sal; misture bem. Separe em 4 porções e molde os hambúrgueres. Unte uma assadeira e leve ao forno a 180º por 20 minutos.

INGREDIENTES

- 1 lata de atum sólido
- 1 xícara (chá) de aveia fina
- 2 colheres (sopa) de cebola ralada
- 1 gema
- 1 xícara (chá) de cenoura ralada fina
- 2 colheres (sopa) de salsa picada
- Sal

Quibe de forno recheado com atum

INGREDIENTES PARA A MASSA

» 1 xícara (chá) de trigo

» 1 xícara (chá) de água

» 1 cebola ralada

» 2 colheres (sopa) de azeite

» 2 colheres (sopa) de hortelã

» Sal

INGREDIENTES PARA O RECHEIO

» 1 lata de atum sólido

» 2 colheres (sopa) de requeijão

TEMPO DE PREPARO: ***35 MIN.***

GRAU DE DIFICULDADE: ***FÁCIL***

RENDIMENTO: ***6 PORÇÕES***

Para crianças a partir de 18 MESES

MODO DE PREPARO

Para fazer a massa, coloque o trigo em uma tigela, acrescente água quente e deixe por 10 minutos. Quando a água secar, misture a cebola, o azeite, a hortelã e o sal. Reserve. Em um refratário untado com azeite, coloque a metade da massa do trigo e espalhe o atum com o requeijão. Coloque a outra metade por cima e leve ao forno a 180º por 20 minutos.

Almôndegas recheadas

INGREDIENTES

- » 350 g de carne moída
- » 1 pão francês umedecido
- » 1 xícara (chá) de aveia em flocos
- » 1 ovo
- » 1 colher (sopa) de cebola ralada
- » 2 colheres (sopa) de salsa
- » Sal
- » 50 g de muçarela
- » Óleo de canola para untar

MODO DE PREPARO

Coloque, em uma tigela, a carne, o pão umedecido e espremido, a aveia, o ovo e a cebola ralada. Tempere tudo com sal e salsa e misture bem. Faça bolinhas e recheie com a muçarela. Unte uma forma com óleo de canola e asse as almôndegas em forno médio por 20 minutos.

TEMPO DE PREPARO: ***30 MIN.***

GRAU DE DIFICULDADE: ***FÁCIL***

RENDIMENTO: ***15 UNIDADES***

Para crianças a partir de 18 MESES

Acém com cenoura e vagem

INGREDIENTES

- 2 colheres (sopa) de óleo de canola
- 1 kg de acém em pedaços
- 1 cenoura grande cortada em cubos
- 1 cebola picada
- 50 g de vagem
- 2 colheres (sopa) de salsa
- 1 folha de louro
- 2 xícaras (chá) de água quente
- ½ xícara (chá) de ervilha
- Sal

MODO DE PREPARO

Em uma panela, coloque o óleo e refogue bem o acém. Acrescente cenoura, cebola, vagem, salsa e a folha de louro. Coloque 2 xícaras de água quente e cozinhe tudo em fogo baixo. Desligue o fogo e adicione as ervilhas e o sal.

Feijão-branco cremoso e isca de peixe

Para crianças a partir de
18
MESES

INGREDIENTES

- 2 colheres (sopa) de margarina
- 1 cebola ralada
- 1 xícara (chá) de feijão-branco cozido
- 200 g de isca de peixe (pescada branca)
- 2 colheres (sopa) de farinha de trigo
- 1 xícara (chá) de leite
- Sal

TEMPO DE PREPARO: **30 MIN.**

GRAU DE DIFICULDADE: **MÉDIO**

RENDIMENTO: **2 PORÇÕES**

MODO DE PREPARO

Em uma panela, aqueça a margarina e doure a cebola, junte o peixe e refogue. Acrescente só os grãos de feijão. Separadamente, dissolva o leite na farinha e tempere-o com sal. Junte a mistura na panela. Cozinhe, mexendo até engrossar.

Frango ao creme de mandioca

Para crianças a partir de 18 MESES

TEMPO DE PREPARO: **30 MIN.**

GRAU DE DIFICULDADE: **MÉDIO**

RENDIMENTO: **2 PORÇÕES**

INGREDIENTES

- ½ kg de coxa de frango
- 1 limão
- Sal
- 200 g de mandioca
- Água (quanto baste)
- 2 colheres (sopa) de manteiga
- 2 tomates picados
- ½ xícara (chá) de leite de coco
- Sal

MODO DE PREPARO

Tempere o frango com limão e sal e reserve. Cozinhe a mandioca em água e sal e bata-a no liquidificador com a água do cozimento. Em uma panela, aqueça a manteiga e doure o frango. Acrescente o tomate, o creme de mandioca batido e o leite de coco batido. Cozinhe tudo por 15 minutos.

Cozido de músculo com pirão

INGREDIENTES PARA A CARNE

- 2 colheres (sopa) de óleo
- ½ kg de músculo picado
- 8 ceboletes inteiras
- 2 tomates picados
- 1 colher (sopa) de orégano
- 3 xícaras (chá) de água
- Sal

INGREDIENTES PARA O PIRÃO

- 1 ½ litro de caldo do cozimento da carne
- ½ xícara (chá) de farinha de mandioca
- 2 colheres de salsa picada

TEMPO DE PREPARO: **1 HORA**

GRAU DE DIFICULDADE: **MÉDIO**

RENDIMENTO: **3 PORÇÕES**

MODO DE PREPARO

Em uma panela de pressão, coloque o óleo e doure o músculo. Acrescente as ceboletes, o tomate, o orégano e a água. Cozinhe por 30 minutos e adicione sal. Para o pirão, use uma panela para aquecer o caldo da carne, coloque a farinha de mandioca e cozinhe. Desligue o fogo e acrescente a salsa e a carne cozida. Mexa tudo e sirva após amornar.

Para crianças a partir de 18 MESES

Almôndegas de frango

INGREDIENTES

» ½ kg de peito de frango moído

» 1 ovo

» 1 dente de alho picado

» 1 colher (sopa) de salsa

» 2 colheres (sopa) de farinha de trigo

» Óleo para untar

» Sal

MODO DE PREPARO

Em uma vasilha, coloque o frango, o ovo, o alho, a salsa, a farinha e um pouco de sal. Misture bem e faça bolinhas. Unte uma forma com óleo e asse as almôndegas em forno médio por 20 minutos.

TEMPO DE PREPARO: ***40 MIN.***

GRAU DE DIFICULDADE: ***FÁCIL***

RENDIMENTO: ***10 UNIDADES***

Para crianças a partir de 18 MESES

Mini-hambúrguer de forno

INGREDIENTES

» 300 g de carne moída

» 1 pacote de sopa creme de cebola

» 1 ovo

» Óleo

Para crianças a partir de 18 MESES

MODO DE PREPARO

Misture tudo, exceto o óleo, e faça mini-hambúrgueres. Coloque-os em uma assadeira untada com óleo e asse-os em forno preaquecido a 180º por 20 minutos.

TEMPO DE PREPARO: ***30 MIN.***

GRAU DE DIFICULDADE: ***FÁCIL***

RENDIMENTO: ***6 UNIDADES***

Para crianças a partir de 18 MESES

Salsicha assada no palito

TEMPO DE PREPARO: ***45 MIN.***

GRAU DE DIFICULDADE: ***FÁCIL***

RENDIMENTO: ***6 UNIDADES***

INGREDIENTES

- 6 salsichas de frango
- Água (quanto baste)
- 1 xícara (chá) de farinha de trigo
- 1 colher (café) de sal
- 1 colher (sobremesa) de fermento em pó
- 2 colheres (sopa) de margarina
- 1 ovo
- Você também precisará de 6 palitos de churrasco

MODO DE PREPARO

Em uma panela, coloque a água e ferva a salsicha. Reserve. Em uma tigela, coloque a farinha, o sal, o fermento, a margarina e o ovo. Acrescente água aos poucos, até formar uma massa lisa. Abra-a e corte-a em 6 pedaços. Envolva as salsichas com a massa e coloque-as em uma assadeira. Asse-as em forno médio até dourar. Retire do forno e coloque o palito.

Lasanha de batatas

INGREDIENTES

- ½ kg de batata
- Água (quanto baste)
- Sal
- 2 colheres (sopa) de óleo de canola
- 1 peito de frango cozido e desfiado
- 1 cebola ralada
- 1 lata de molho de tomate
- 200 g de muçarela ralada

MODO DE PREPARO

Cozinhe as batatas na água com sal, deixe esfriar e corte-as em fatias. Em uma panela, coloque o óleo e refogue o frango, a cebola e o molho de tomate. Adicione ½ xícara de água, uma pitada de sal e deixe cozinhar por 15 minutos. Em um refratário, coloque o molho, as batatas e a muçarela. Intercale camadas, terminando com a muçarela. Leve ao forno preaquecido a 180º por 20 minutos e sirva após esfriar um pouco.

Salada colorida de filé de sardinha

INGREDIENTES

- 1 abobrinha cortada em cubos
- 1 batata grande cortada em cubos
- 1 cenoura média cortada em cubos
- 1 lata de filé de sardinha no óleo
- Alface-crespa cortada em juliana
- 2 colheres (sopa) de azeitonas
- 2 colheres (sopa) de azeite
- Sal a gosto

DICA CERTA! Separe a carne do peixe dos espinhos antes de servir ao seu filho.

MODO DE PREPARO

Cozinhe os legumes até que eles fiquem macios. Deixe-os esfriar e reserve. Coloque em uma travessa a sardinha, as azeitonas e a alface. Misture tudo e tempere com azeite e sal.

Omelete de forno com chuchu

INGREDIENTES

- » 2 colheres (sopa) de azeite
- » 1 cebola ralada
- » 1 chuchu cortado em cubos
- » 4 ovos
- » 1 tomate picado
- » 1 colher (sopa) de queijo tipo parmesão
- » Sal

MODO DE PREPARO

Em uma panela, coloque o azeite e refogue a cebola. Acrescente o chuchu e deixe por mais 5 minutos, até que ele fique macio. Em outra tigela, junte as gemas dos ovos, o tomate, o queijo e coloque o chuchu refogado. Misture e acrescente o sal e as claras em neve. Unte um refratário médio com azeite e coloque a mistura. Leve-a ao forno preaquecido a 180º por 15 minutos.

Berinjela ao molho de carne

INGREDIENTES

- 2 colheres (sopa) de óleo de canola
- 250 g de carne moída
- 1 cebola pequena picada
- 1 berinjela pequena em cubos
- 1 tomate picado sem sementes
- Sal
- Folhas de manjericão

TEMPO DE PREPARO: **25 MIN.**

GRAU DE DIFICULDADE: **FÁCIL**

RENDIMENTO: **4 PORÇÕES**

MODO DE PREPARO

Em uma panela, coloque o óleo, refogue a carne, acrescente a cebola e a berinjela. Junte o tomate e o sal, tampe e deixe por 5 minutos cozinhando. Acrescente as folhas de manjericão.

Salada de feijão-preto

INGREDIENTES

- 1 xícara (chá) de feijão-preto cozido
- ½ xícara (chá) de milho-verde
- 1 tomate picado sem sementes
- 2 colheres (sopa) de salsa
- 3 colheres (sopa) de azeite
- Sal

TEMPO DE PREPARO: ***15 MIN.***

GRAU DE DIFICULDADE: ***FÁCIL***

RENDIMENTO: ***4 PORÇÕES***

MODO DE PREPARO

Em uma travessa, coloque todos os ingredientes, tempere-os e sirva-os com folhas de alface ou com a salada de sua preferência.

Para crianças a partir de 1 ANO

Pão de aveia

INGREDIENTES

- 15 g de fermento biológico
- ½ colher (sopa) de açúcar
- Sal
- ¾ de xícara (chá) de leite morno
- 2 ovos
- ½ xícara (chá) de óleo
- 2 xícaras (chá) de aveia
- 2 a 3 xícaras (chá) de farinha de trigo

MODO DE PREPARO

Em uma tigela grande, misture o fermento, o açúcar e o sal. Acrescente o leite, os ovos, o óleo e, depois, a aveia. Misture bem. Acrescente, aos poucos, a farinha e sove bastante, até que a massa solte das mãos. Faça bolinhas e deixe-as dobrar de tamanho. Asse-as em forno médio a 180º por 15 minutos, ou até que elas dourem.

Pastel assado

INGREDIENTES PARA A MASSA

- 4 xícaras (chá) de farinha de trigo
- 1 colher (sopa) de sal
- 1 ovo
- 200 g de manteiga em temperatura ambiente

INGREDIENTES PARA O RECHEIO

- 1 tomate picado e sem sementes
- 100 g de muçarela ralada
- 150 g de palmito
- 1 colher (café) de orégano
- Sal

MODO DE PREPARO

Em uma vasilha grande, adicione a farinha e o sal. Coloque o ovo, a manteiga e sove bem, até formar uma massa homogênea. Com o auxílio de um rolo, abra a massa e corte-a em círculos. Para rechear, misture todos os ingredientes e coloque-os no centro das massas abertas. Feche as pontas com um garfo. Coloque os pastéis em uma assadeira untada com manteiga e asse-os em forno preaquecido a180º por 15 minutos.

Torta de frango e espinafre

Para crianças a partir de 18 MESES

INGREDIENTES PARA A MASSA

» 1 ovo
» 1 xícara (chá) de leite
» 4 colheres (sopa) de óleo
» 2 colheres (sopa) de queijo ralado
» 2 xícaras (chá) de farinha de trigo
» 1 colher (sopa) de fermento em pó
» 1 colher (café) de sal

INGREDIENTES PARA O RECHEIO

» 1 colher (sopa) de óleo
» 1 cebola picada
» 250 g de frango cozido e desfiado
» 1 xícara (chá) de espinafre cozido
» 1 tomate picado
» Sal
» 100 g de queijo muçarela

TEMPO DE PREPARO: **30 MIN.**

GRAU DE DIFICULDADE: **MÉDIO**

RENDIMENTO: **6 PORÇÕES**

MODO DE PREPARO

No liquidificador, bata o ovo, o leite, o óleo e o queijo. Em uma tigela, coloque a farinha, o fermento, o sal e acrescente a mistura líquida. Para fazer o recheio, use outra panela; nela, coloque o óleo, refogue a cebola, o frango, o espinafre, o tomate e o sal. Para montar, use um refratário, coloque a metade da massa, o recheio, cubra com mais um pouco da massa e com a muçarela. Asse a torta em forno preaquecido a 180º por 20 minutos.

Torta fácil de arroz

Para crianças a partir de 18 MESES

INGREDIENTES

» 2 colheres (sopa) de queijo tipo parmesão ralado

» ½ xícara (chá) de leite

» 2 ovos

» 2 xícaras (chá) de arroz cozido

» 1 tomate sem sementes e cortado em cubos

» ½ xícara (chá) de ervilha fresca

» ½ xícara (chá) de frango cozido e desfiado

» Óleo para untar

» Sal

» Farinha para untar

MODO DE PREPARO

Em uma tigela, junte o queijo, o leite e os ovos inteiros. Bata tudo com um garfo até espumar, acrescente o arroz, o tomate, a ervilha e o frango, misture e tempere com sal. Coloque tudo em uma assadeira untada e enfarinhada e leve ao forno médio a 180º por 20 minutos.

TEMPO DE PREPARO: ***30 MIN.***

GRAU DE DIFICULDADE: ***FÁCIL***

RENDIMENTO: ***6 PORÇÕES***

Sanduíche integral de beterraba

Para crianças a partir de 18 MESES

INGREDIENTES PARA O PATÊ

» 1 beterraba pequena picada

» 1 xícara (chá) de ricota amassada

» ¼ de xícara (chá) de leite desnatado

» 1 pitada de sal

INGREDIENTE PARA MONTAGEM

» 1 pacote de pão de forma

TEMPO DE PREPARO: ***25 MIN.***

GRAU DE DIFICULDADE: ***FÁCIL***

RENDIMENTO: ***10 PORÇÕES***

MODO DE PREPARO

No liquidificador, coloque todos os ingredientes do patê e bata até obter uma massa homogênea. Monte os sanduíches com fatias de pão de forma integral.

Para crianças a partir de 18 MESES

Torta de abobrinha

INGREDIENTES

- 2 abobrinhas em rodelas
- 1 cebola picada
- 1 colher (sopa) de azeite
- 1 xícara (chá) de espinafre cozido e picado
- 2 colheres (sopa) de farinha de rosca
- 1 ovo
- 2 claras
- Salsa picada
- 1 xícara (chá) de grão-de-bico cozido
- Sal
- 50 g de muçarela ralada

MODO DE PREPARO

Refogue a abobrinha e a cebola no azeite. Junte o espinafre com o restante dos ingredientes, menos a muçarela. Coloque tudo em um refratário untado e enfarinhado e cubra com a muçarela. Leve ao forno médio até dourar.

TEMPO DE PREPARO: ***25 MIN.***

GRAU DE DIFICULDADE: ***FÁCIL***

RENDIMENTO: ***10 PORÇÕES***

Torta especial de legumes

INGREDIENTES PARA MASSA

- 1 xícara (chá) de leite desnatado
- ½ xícara (chá) de óleo de canola
- 1 ovo
- 1 colher (chá) de sal
- 2 xícaras (chá) de farinha de trigo
- 1 colher (sopa) de fermento
- 2 colheres (sopa) de queijo ralado

INGREDIENTES PARA O RECHEIO

- 2 colheres (sopa) de óleo de canola
- 1 cebola pequena picada
- 1 xícara (chá) de ervilha fresca
- 1 xícara (chá) de cenoura em cubos
- 1 tomate picado
- 2 colheres (chá) de salsa e orégano
- Sal

MODO DE PREPARO

No liquidificador, coloque o leite, o óleo, o ovo, o sal, a farinha, o fermento e o queijo. Bata tudo, até formar uma massa homogênea, e reserve. Para o recheio, use uma panela e coloque o óleo para refogar a cebola, a ervilha, a cenoura e o tomate. Acrescente a salsa, orégano e sal. Reserve. Unte uma assadeira média retangular com óleo, coloque a metade de massa, o recheio e o restante da massa por cima. Leve a torta ao forno preaquecido a 180º e asse por 25 minutos.

Para crianças a partir de 18 MESES

TEMPO DE PREPARO: **45 MIN.**

GRAU DE DIFICULDADE: **MÉDIO**

RENDIMENTO: **12 PORÇÕES**

Torta delícia de almeirão

INGREDIENTES

- ½ xícara (chá) de óleo de canola
- 1 cebola picada
- 1 tomate sem pele e sem sementes
- 1 xícara (chá) de almeirão
- 1 ½ xícara (chá) de farinha de trigo
- 2 ovos
- 2 colheres (sopa) de queijo ralado
- 1 colher (sopa) de fermento em pó
- Sal

TEMPO DE PREPARO: **40 MIN.**

GRAU DE DIFICULDADE: **FÁCIL**

RENDIMENTO: **10 PORÇÕES**

Para crianças a partir de 18 MESES

MODO DE PREPARO

Em uma panela, coloque uma colher de óleo, refogue a cebola, o almeirão e o tomate. Reserve. Acrescente a farinha, os ovos, o queijo ralado e o restante do óleo. Misture bem, junte o refogado, acrescente o fermento, o sal e misture novamente. Leve a torta ao forno médio, em assadeira retangular untada, por 20 minutos, ou até dourar.

Crepe de cacau com banana

INGREDIENTES PARA A MASSA

- 1 xícara (chá) de leite
- 1 xícara (chá) de farinha de trigo
- 2 colheres (sopa) de cacau em pó (sem açúcar)
- 2 colheres (sopa) de açúcar mascavo
- 1 colher (sopa) de manteiga derretida
- 1 ovo

INGREDIENTES PARA O RECHEIO

- 1 colher (sopa) de manteiga
- 2 colheres (sopa) de mel
- 3 bananas nanicas grandes, cortadas em rodelas ou inteiras

TEMPO DE PREPARO: ***30 MIN.***

GRAU DE DIFICULDADE: ***MÉDIO***

RENDIMENTO: ***8 UNIDADES***

Para crianças a partir de 2 anos

MODO DE PREPARO PARA A MASSA

Em um liquidificador, bata todos os ingredientes. Aqueça uma frigideira antiaderente pincelada com manteiga. Despeje uma concha de massa e deixe-a dourar. Vire até dourar os dois lados e faça o mesmo até terminar a massa.

MODO DE PREPARO PARA O RECHEIO

Para o recheio, leve ao fogo médio a manteiga, o mel e as bananas. Deixe cozinhar. Espere esfriar e recheie as massas.

Bolo bebezinho de fubá

Para crianças a partir de 18 MESES

TEMPO DE PREPARO: ***40 MIN.***

GRAU DE DIFICULDADE: ***FÁCIL***

RENDIMENTO: ***12 UNIDADES***

INGREDIENTES

- 100 g de manteiga
- 1 xícara (chá) de açúcar
- 3 ovos
- 1 xícara (chá) de fubá
- ½ xícara (chá) de farinha de trigo
- ½ xícara (chá) de leite de coco

MODO DE PREPARO

Em uma batedeira, junte a manteiga com o açúcar, até obter um creme. Acrescente os ovos, um por vez, sem parar de bater, mas em baixa velocidade. Acrescente o restante dos ingredientes. Despeje a massa em forminhas individuais. Asse em forno preaquecido a 180º por 30 minutos.

Bombom de feijão

INGREDIENTES

- 1 xícara (chá) de feijão
- 1 litro de água
- 1 xícara (chá) de açúcar
- 2 colheres de sopa de chocolate amargo em pó
- 1 pitada de sal

MODO DE PREPARO

Cozinhe o feijão com a água em panela de pressão por 30 minutos. Escorra e passe o feijão por uma peneira, até obter uma massa lisa. Leve ao fogo e junte o açúcar o chocolate e o sal. Cozinhe até soltar do fundo da panela, deixe esfriar e faça bolinhas. Asse em forno médio preaquecido por 5 minutos.

Bolo de banana

TEMPO DE PREPARO: ***40 MIN.***

GRAU DE DIFICULDADE: ***FÁCIL***

RENDIMENTO: ***12 PORÇÕES***

INGREDIENTES

» 6 bananas-nanicas grandes picadas

» 2 ovos

» 1 ½ xícara (chá) de açúcar

» 1 colher (sopa) de margarina

» 1 xícara (chá) de farinha

» 1 colher (sopa) de amido de milho

» 1 colher (sobremesa) de fermento em pó

MODO DE PREPARO

No liquidificador, bata as bananas, as gemas, o açúcar e a margarina. Em uma tigela, coloque a farinha, o amido de milho e o fermento. Misture o líquido no liquidificador e as claras batidas em neve. Junte tudo, até obter uma massa lisa e homogênea. Coloque em uma assadeira untada e enfarinhada e asse em forno preaquecido a 180º por 30 minutos.

Barrinha de cereais

INGREDIENTES PARA A MASSA

- 150 g de manteiga
- 1 xícara (chá) de açúcar mascavo
- 2 xícaras (chá) de aveia grossa
- ½ xícara (chá) de castanha-do-pará
- ½ xícara (chá) de uvas-passas

MODO DE PREPARO

Derreta a manteiga, junte o açúcar, a aveia, a castanha quebrada e as uvas-passas. Misture bem, espalhe a massa em uma assadeira e leve ao forno por 5 minutos a 180º. Deixe-as esfriar e corte em cubos.

Mousse de melancia

INGREDIENTES

» 5 xícaras (chá) de melancia em cubos

» 1 lata de leite condensado

» 1 lata de creme de leite

» 2 sachês de gelatina incolor

MODO DE PREPARO

No liquidificador, bata a melancia, o leite condensado e o creme de leite. Acrescente a gelatina hidratada e bata mais um pouco. Coloque em taças ou copinhos e sirva gelado.

TEMPO DE PREPARO: ***20 MIN.***

GRAU DE DIFICULDADE: ***FÁCIL***

RENDIMENTO: ***5 PORÇÕES***

Para crianças a partir de 18 MESES

Para crianças a partir de 18 MESES

Curau

TEMPO DE PREPARO: ***1 HORA***

GRAU DE DIFICULDADE: ***MÉDIO***

RENDIMENTO: ***10 PORÇÕES***

INGREDIENTES

- 5 espigas de milho
- 1 xícara (chá) de água
- 2 ½ xícaras (chá) de leite
- 1 vidro de leite de coco
- 2 colheres (sopa) de sal
- 1 lata de leite condensado
- 1 colher (sopa) de manteiga
- Canela em pó para polvilhar

MODO DE PREPARO

Retire os grãos de milho da espiga com o auxílio de uma faca. No liquidificador, bata o milho com água, até ficar homogêneo. Passe-o por uma peneira, até sair o excesso de líquido. Despeje tudo em uma panela, acrescente o leite, o leite de coco e o sal. Leve ao fogo baixo, mexendo até ferver. Mexa por mais 5 minutos até engrossar. Acrescente o leite condensado e cozinhe por mais 5 minutos. Retire do fogo e misture a manteiga até derreter e a mistura ficar bem cremosa. Deixe esfriar e polvilhe com canela.

Pudim de laranja

TEMPO DE PREPARO: ***1 HORA***

GRAU DE DIFICULDADE: ***MÉDIO***

RENDIMENTO: ***6 PORÇÕES***

DICA CERTA!
Se quiser, faça uma calda de sua preferência como acompanhamento.

INGREDIENTES

- 1 lata de leite condensado
- 4 ovos inteiros
- 1 colher (sopa) de amido de milho
- A mesma medida da lata de leite condensado de suco de laranja
- 2 colheres (sopa) de açúcar

MODO DE PREPARO

No liquidificador, coloque o leite condensado, os ovos, o amido e o suco de laranja. Bata tudo e reserve. Em uma assadeira média redonda, coloque o açúcar e leve ao fogo para fazer um caramelo. Coloque o creme batido na forma e leve ao forno médio, em banho--maria, por 40 minutos.

Para crianças a partir de 18 MESES

Para crianças a partir de 18 MESES

Bolo de beterraba

TEMPO DE PREPARO: **35 MIN.**

GRAU DE DIFICULDADE: **MÉDIO**

RENDIMENTO: **12 PORÇÕES**

INGREDIENTES

- » 3 ovos inteiros
- » 2 beterrabas pequenas picadas ou raladas
- » ½ xícara (chá) de óleo
- » 2 xícaras (chá) de farinha de trigo
- » 1 ½ xícara (chá) de açúcar
- » 1 colher (sopa) de fermento em pó

MODO DE PREPARO

No liquidificador, bata os ovos, a beterraba e o óleo, até formar um creme homogêneo. Em uma tigela, coloque a farinha, o açúcar e o fermento. Misture o líquido à massa. Asse em forma untada de bolo inglês, em forno a 180º, por 20 minutos.

Bolo de laranja com casca

TEMPO DE PREPARO: **35 MIN.**

GRAU DE DIFICULDADE: **FÁCIL**

RENDIMENTO: **12 PORÇÕES**

INGREDIENTES

- 4 ovos
- 1 xícara (chá) de óleo de canola
- 4 laranjas com casca cortadas em pedaços sem sementes
- 2 xícaras (chá) de farinha de trigo
- 1 ½ xícara (chá) de açúcar
- 1 colher (sopa) de fermento em pó

MODO DE PREPARO

No liquidificador, bata os ovos, o óleo e as laranjas. Em uma tigela, misture a farinha, o açúcar e o fermento. Use uma assadeira retangular média, untada e enfarinhada. Asse a mistura em forno preaquecido a 180º por 20 minutos.

Para crianças a partir de 18 MESES

Cupcake de limão

Para crianças a partir de 18 MESES

INGREDIENTES

- 4 ovos
- 1 copo de iogurte natural
- 1 limão-siciliano
- 2 xícaras (chá) de óleo de canola
- 1 envelope de gelatina de limão
- ¾ de xícara (chá) de água
- 2 xícaras (chá) de farinha de trigo
- 1 ½ xícara (chá) de açúcar
- 1 colher (sopa) de fermento em pó
- 2 colheres (sopa) de margarina

TEMPO DE PREPARO: ***40 MIN.***

GRAU DE DIFICULDADE: ***FÁCIL***

RENDIMENTO: ***12 UNIDADES***

MODO DE PREPARO

No liquidificador, bata os ovos, o iogurte, o suco do limão, o óleo, a gelatina e a água. Bata tudo, até formar um creme. Em uma tigela, junte a farinha, o açúcar, o fermento e a margarina. Acrescente a mistura líquida e mexa bem. Asse em forno preaquecido a 180º, em forminhas individuais, por 20 minutos.

Mousse de caqui

INGREDIENTES

» 3 caquis grandes maduros

» 1 sachê de gelatina incolor

» 3 colheres (sopa) de água

» 100 g de chocolate branco derretido

» 200 ml de creme de leite

» 1 xícara (chá) de chantilly batido

MODO DE PREPARO

No liquidificador, bata o caqui até formar um purê. Reserve. Em um recipiente, coloque a gelatina e a água fria e hidrate. Misture com o chocolate derretido quente, o creme de leite, o creme de caqui e, por último, o chantilly. Misture até ficar homogêneo. Sirva gelado.

Para crianças a partir de 18 MESES

TEMPO DE PREPARO: ***30 MIN.***

GRAU DE DIFICULDADE: ***FÁCIL***

RENDIMENTO: ***5 PORÇÕES***

Risoto doce de limão--siciliano e manga

INGREDIENTES

» 1 colher (sopa) de manteiga

» 1 xícara (chá) de arroz para risoto

» 1 colher (chá) de essência de baunilha

» 2 colheres (sopa) de suco de limão-siciliano

» ½ xícara (chá) de manga *palmer* em pedaços pequenos

» ¼ de xícara (chá) de creme de leite fresco

» 2 colheres (sopa) de queijo ralado

MODO DE PREPARO

Em uma panela, coloque a manteiga e refogue bem o arroz e, aos poucos, acrescente a baunilha. Acrescente o suco de limão, a manga, o creme de leite e o queijo ralado. Sirva em seguida.

TEMPO DE PREPARO: ***35 MIN.***

GRAU DE DIFICULDADE: ***FÁCIL***

RENDIMENTO: ***4 PORÇÕES***

Para crianças a partir de 2 anos

Gelado de laranja

Para crianças a partir de **2** ANOS

TEMPO DE PREPARO: ***25 MIN.***

GRAU DE DIFICULDADE: ***FÁCIL***

RENDIMENTO: ***6 PORÇÕES***

INGREDIENTES

» 1 envelope de gelatina sem sabor

» 5 colheres (sopa) de água

» 1 lata de leite condensado

» 2 xícaras (chá) de suco de laranja

MODO DE PREPARO

Hidrate a gelatina na água fria. Coloque por 30 segundos no micro-ondas sem ferver. Misture o leite condensado e o suco de laranja. Aqueça em fogo médio e não pare de mexer, por 5 minutos. Sirva gelado em potinhos.

Biscoitos de aveia

Para crianças a partir de **18** MESES

INGREDIENTES

» ¾ de xícara (chá) de açúcar

» 3 colheres (sopa) de manteiga

» 1 ovo

» ¼ de xícara (chá) de leite

» 1 xícara (chá) de farinha de trigo

» 1 ½ xícara (chá) de aveia em flocos

» ½ xícara (chá) de uvas-passas

» 2 colheres (chá) de nozes picadas

» ½ colher (chá) de bicarbonato de sódio

MODO DE PREPARO

Em uma batedeira, bata o açúcar, a manteiga, o ovo e o leite até formar um creme. Retire e adicione a farinha, a aveia, as uvas-passas e as nozes. Misture bem e, por último, adicione o bicarbonato. Com uma colher de sopa, coloque porções pequenas e distantes umas das outras em forma untada e asse em forno preaquecido a 180º até dourar.

TEMPO DE PREPARO: ***40 MIN.***

GRAU DE DIFICULDADE: ***FÁCIL***

RENDIMENTO: ***40 UNIDADES***

Doce de arroz com laranja

Para crianças a partir de 2 ANOS

INGREDIENTES

- 1 xícara (chá) de arroz comum
- 3 xícaras (chá) de água
- 2 xícaras (chá) de suco de laranja
- 1 lata de leite condensado
- Canela

MODO DE PREPARO

Em uma panela média, junte o arroz e a água. Cozinhe em fogo baixo, até ficar bem macio. Acrescente o suco de laranja, o leite condensado e cozinhe por mais 8 minutos em fogo baixo. Polvilhe canela e sirva quente.

TEMPO DE PREPARO: ***40 MIN.***

GRAU DE DIFICULDADE: ***FÁCIL***

RENDIMENTO: ***6 PORÇÕES***

Pão doce trançado

Para crianças a partir de 18 MESES

TEMPO DE PREPARO: ***1 HORA***

GRAU DE DIFICULDADE: ***MÉDIO***

RENDIMENTO: ***6 PORÇÕES***

INGREDIENTES

» 30 g de fermento biológico

» 3 colheres (sopa) de açúcar

» 1 pitada de sal

» 2 gemas e 1 ovo inteiro

» 1 ½ xícara (chá) de leite morno

» ½ kg de farinha de trigo

MODO DE PREPARO

Em uma tigela, coloque o fermento, o açúcar, o sal, os ovos e o leite morno. Acrescente a farinha até soltar a massa das mãos, deixe crescer por 30 minutos, até dobrar de volume. Abra a massa e feche novamente. Separe em duas partes e trance as massas. Coloque em assadeira untada e asse em forno preaquecido a 180º até dourar.

Vitamina de framboesa e abacaxi

DICA CERTA!
Para facilitar o preparo, retire a framboesa congelada do *freezer* 5 minutos antes de bater a vitamina. Utilize o abacaxi bem maduro, ou substitua-o por uma de polpa de abacaxi.

Para crianças a partir de 1 ANO

TEMPO DE PREPARO: ***10 MIN.***

GRAU DE DIFICULDADE: ***FÁCIL***

RENDIMENTO: ***3 COPOS***

INGREDIENTES

» 2 xícaras (chá) de leite de soja gelado

» 1 xícara (chá) de framboesa congelada

» 2 fatias de abacaxi picado

MODO DE PREPARO

No liquidificador, coloque o leite de soja e a framboesa e bata até obter uma mistura homogênea. Junte o abacaxi e bata novamente, até formar uma textura cremosa. Coloque em copos altos e sirva a bebida em seguida.

Shake de capuccino

Para crianças a partir de 3 ANOS

TEMPO DE PREPARO: **10 MIN.**

GRAU DE DIFICULDADE: **FÁCIL**

RENDIMENTO: **1 COPO**

DICA CERTA!
Experimente polvilhar amêndoa sem pele, torrada e picada no momento de servir.

INGREDIENTES

- 200 ml de leite de soja
- 1 colher (chá) de chocolate em pó
- ½ colher (chá) de café solúvel
- ½ colher (chá) de mel
- 1 pitada de canela em pó

MODO DE PREPARO

Coloque metade do leite em um recipiente e leve-o ao *freezer* por 2 horas, ou até congelar. No liquidificador, bata o leite congelado, o chocolate, o café solúvel, o mel e a canela. Coloque em um copo e sirva a bebida a seguir.

Smoothie de morango e banana

DICA CERTA!
Bananas congeladas produzem um *smoothie* parecido com sorvete (perfeito como sobremesa), enquanto bananas frescas produzem um *smoothie* mais líquido.

Para crianças a partir de 1 ANO

INGREDIENTES

- ½ copo de leite gelado
- 3 pedras de gelo picado ou moído
- ¾ de copo de morangos picados e congelados
- 1 banana em rodelas congelada, ou fresca
- 1 colher (sopa) de açúcar mascavo (opcional)

TEMPO DE PREPARO: **15 MIN.**
GRAU DE DIFICULDADE: **FÁCIL**
RENDIMENTO: **1 COPO**

MODO DE PREPARO

Bata todos os ingredientes no liquidificador e sirva o *smoothie* imediatamente.

Suco de bolinhas de frutas

INGREDIENTES

- ¼ de melancia
- ½ melão
- 2 carambolas
- Suco de 8 laranjas-lima

Para crianças a partir de 1 ANO

MODO DE PREPARO

Com um boleador (utensílio para moldar bolinhas de frutas e vegetais), faça bolinhas de melancia e melão. Reserve-as. Lave a carambola, corte-a em fatias e retire as sementes. Disponha as frutas em copinhos e regue-as com o suco de laranja. Sirva a bebida em seguida.

TEMPO DE PREPARO: **20 MIN.**
GRAU DE DIFICULDADE: **FÁCIL**
RENDIMENTO: **3 COPOS**

Smoothie mix de frutas

INGREDIENTES

- 150 ml de suco de laranja congelado (disponha-o em forminhas de gelo e leve-o ao congelador)
- 150 ml de leite gelado
- Polpa congelada de 1 maracujá
- 1 fatia de abacaxi
- 1 maçã pequena
- 1 colher de sopa de açúcar mascavo (opcional)

MODO DE PREPARO

Bata todos os ingredientes no liquidificador e sirva o *smoothie* imediatamente.

TEMPO DE PREPARO: ***10 MIN.***

GRAU DE DIFICULDADE: ***FÁCIL***

RENDIMENTO: ***3 COPOS***

Para crianças a partir de 1 ANO

Vitamina de melancia com banana

Para crianças a partir de 1 ANO

INGREDIENTES

- 2 bananas-prata
- ¼ de melancia gelada
- 1 colher (sopa) de açúcar mascavo

MODO DE PREPARO

Bata todos os ingredientes no liquidificador e sirva a bebida imediatamente.

TEMPO DE PREPARO: ***10 MIN.***

GRAU DE DIFICULDADE: ***FÁCIL***

RENDIMENTO: ***2 COPOS***

Smoothie tropical

INGREDIENTES

» 1 manga *palmer*

» 2 caquis bem maduros

» 1 maçã gala

» Suco de ½ limão

» Salsinha

» 8 folhas de hortelã

MODO DE PREPARO

Escolha as frutas bem maduras, higienize todos os alimentos e corte as frutas em pedaços. Coloque no liquidificador os ingredientes na seguinte ordem: manga, caquis, maçã, suco do limão, hortelã e salsinha. Bata todos os alimentos e não coe nem adoce a mistura.

Para crianças a partir de 18 MESES

TEMPO DE PREPARO: ***20 MIN.***

GRAU DE DIFICULDADE: ***MÉDIO***

RENDIMENTO: ***2 COPOS***

Bebida de pêssego com carambola e mel

Para crianças a partir de 2 anos

INGREDIENTES

» 1 xícara (chá) de leite de soja sabor pêssego gelado

» 1 carambola média picada

» ½ colher (chá) de mel

MODO DE PREPARO

Bata no liquidificador o leite de soja sabor pêssego, a carambola e o mel por três minutos, ou até ficar homogêneo. Sirva a bebida em seguida.

TEMPO DE PREPARO: ***10 MIN.***

GRAU DE DIFICULDADE: ***FÁCIL***

RENDIMENTO: ***1 COPO***

 POR MICHELLE RAEDER

Começando uma nova fase

Conheça as principais mudanças que ocorrem na alimentação da criança após os 6 meses de idade e saiba o que seu filho pode e deve comer

Desde o nascimento, a criança passa por diversas etapas em que seu pequeno corpo se adapta à vida fora da barriga da mãe. São muitas as transformações que ocorrerão em seu organismo e que irão transformá-lo em um ser adaptado à vida pós-parto – e a alimentação é o pilar fundamental para a construção de uma saúde forte.

Sabemos que, até os 6 meses de vida, o leite materno é o único alimento que a criança deve receber, pois é ele que vai formar suas defesas e irá protegê-lo de diversos problemas. Entretanto, após essa idade, o bebê precisa e pode receber outros tipos de alimentos. "Até o sexto mês, o leite materno é o alimento ideal para a criança, pois contém todos os nutrientes e água suficientes para a nutrição. No entanto, depois dessa idade, as necessidades nutricionais não são mais atendidas apenas por esse alimento, embora ele continue contribuindo e possa ser mantido até os 2 anos de idade", afirma a nutricionista do Hospital Geral da Paraíba, Paula Trigueiro.

A pediatra neonatologista do Hospital e Maternidade Santa Joana, Clery Bernardi Gallacci, diz que, a partir do sexto mês de vida, além do leite materno, que vai mudando sua composição com o passar dos meses, a introdução dos outros alimentos passa a ser importante também para o desenvolvimento da musculatura da face, o desenvolvimento da linguagem, até as necessidades proteicas e calóricas de outras fontes de alimento.

Essa nova necessidade surge por causa do amadurecimento do organismo da criança, que começa a pedir outras fontes de energia. "Após essa fase, o corpo do bebê está mais maduro e é capaz de produzir uma série de enzimas necessárias para a digestão dos alimentos. Além disso, o reflexo da protrusão da língua – colocação ocasional para fora da boca – que, geralmente, já sumiu nesta fase, torna possível uma melhor aceitação de alimentos sólidos e semissólidos. Outro ponto a destacar é quanto à sua imunidade, que, nesta fase, está mais preparada para combater possíveis infecções e reagir melhor a alergias", avalia Luana Dias Santiago, pediatra do Hospital Geral da Paraíba.

GRUPOS ALIMENTARES

- ***Cereais, tubérculos:*** arroz, mandioca, batata-doce, macarrão, batata, cará, farinhas, batata-baroa e inhame
- ***Leguminosas:*** feijões, lentilha, ervilha seca, soja e grão-de-bico
- ***Legumes, verduras:*** alface, couve, rúcula, espinafre, brócolis, acelga, abóbora, beterraba, quiabo, cenoura
- ***Frutas:*** mamão, melancia, maçã, manga, laranja, banana, abacate
- ***Carnes ou ovo:*** frango, boi, ovo

CUIDADOS E COMO PREPARAR A NOVA COMIDA

As especialistas são enfáticas quando o assunto é a manipulação dos alimentos, principalmente para as crianças. "É preciso tomar muitos cuidados nesse preparo e evitar a contaminação do alimento. O manuseio deve seguir os cuidados de não contaminação, e sim de higienização", lembra Clery.

"Os cuidados de higiene na preparação e na oferta dos alimentos evitam a contaminação e doenças como a diarreia. Por isso, muito cuidado e atenção na manipulação e no preparo da nova comida de seu filho", enfatiza Paula.

Outra preocupação é quanto à consistência dos alimentos. "É muito importante amassar as papas e nunca batê-las no liquidificador, para que o bebê possa aprender a desenvolver a mastigação", observa Clery.

Luana acrescenta que, de acordo com a Sociedade Brasileira de Pediatria, o alimento deve começar a ser oferecido para a criança no estágio pastoso e chegar ao mais próximo do sólido gradativamente e com a aceitação da criança. "É preciso obedecer ao ritmo da criança, oferecendo pequenas quantidades de alimento na ponta da colher, sem forçá-la, em caso de recusa no momento, e voltar a oferecê-lo em outra ocasião, para que o sabor vá se tornando conhecido e aceito".

O QUE MODERAR, EVITAR E NUNCA OFERECER

Além dos cuidados com a preparação do alimento, é preciso saber o que a criança pode e o que não pode consumir, pois é importante ter em mente que ela ainda é muito pequena e que sua alimentação demanda cuidados. "Até completar 1 ano de vida, a criança tem a mucosa gástrica sensível; portanto, algumas substâncias presentes no café, nos chás (mate), nos enlatados e nos refrigerantes, por exemplo, podem irritá-la, além de comprometer a digestão e a absorção dos nutrientes", lembra a nutricionista Paula.

A especialista também acrescenta que o sal iodado, além de fornecer o iodo, é importante para que a criança se adapte à alimentação da família, mas lembra que seu uso deve ser moderado e restrito.

"A criança, que, desde cedo, come frutas, verduras e legumes diversos, recebe maiores quantidades de vitamina, ferro e fibras..."

O que também não deve ser inserido na alimentação da criança, segundo Paula, são os alimentos industrializados, enlatados, embutidos e frituras, pois estes contêm sal em excesso, aditivos e conservantes artificiais. "Outro alimento totalmente contraindicado no primeiro ano de vida é o mel, pois há o risco de contaminação com *Clostridium botulinum*, que causa botulismo".

Para a especialista, as frituras são desnecessárias, especialmente nos primeiros anos de vida. A fonte de lipídeo (gordura) já está presente naturalmente no leite, nas fontes proteicas e no óleo vegetal utilizado para o cozimento dos alimentos. "É importante lembrar que o consumo de alimentos não nutritivos está associado à anemia, ao excesso de peso e às alergias alimentares. Dessa forma, deve-se evitar ao máximo o contato precoce das crianças com esses grupos de alimentos, a fim de promover saúde e criar hábitos saudáveis", diz Paula.

A pediatra também lembra que, no primeiro ano de vida, é preciso evitar alimentos como peixes, carne suína, tomate, aveia, nozes, castanhas e alguns grãos, além dos derivados de leite, dos temperos industrializados e dos corantes artificiais.

"Os alimentos devem ser oferecidos aos poucos, de preferência um por vez, para que a

DICAS

NÃO SE ESQUEÇA DE OFERECER ÁGUA PARA A CRIANÇA.

- ***Evite:*** refrigerantes, salgadinhos, açúcar, frituras, doces, gelatinas industrializadas, refrescos em pó, temperos prontos, margarinas, achocolatados e outras guloseimas.
- Sempre faça as refeições em um ambiente tranquilo, com rotina e com a criança focada na dieta. Isso significa sem televisão ou *tablets* durante a refeição.
- Não se preocupe com quantidade. No início, o importante é que ela aprenda a comer, e não o quanto ela come, pois a quantidade de alimento deverá ser aumentada gradativamente.
- Os horários de alimentação devem ser respeitados, e o alimento não deve ser substituído pelo leite.
- Preste atenção às mudanças nas fezes da criança, pois novas experiências estão ocorrendo.
- Atenção aos alimentos obstipantes e laxativos.
- Os alimentos devem ser amassados, raspados ou desfiados, para que a criança se acostume com a sua textura. Treine mastigação, deglutição e promova a tonificação dos músculos orofaciais.
- Não interrompa o aleitamento materno, que deve ser feito, preferencialmente, até os 2 anos de idade da criança.

criança reconheça o sabor e as características de cada um especificamente, além do que, em caso de alguma possível alergia alimentar, será mais fácil identificar o problema", lembra Luana.

CONSUMO LIBERADO

Os especialistas são unânimes em afirmar que os alimentos que devem ser inseridos na dieta das crianças são frutas, legumes, carnes, leguminosas, cereais e tubérculos, pois eles contribuem para o fornecimento de energia, proteínas e micronutrientes de que precisam para crescer fortes e saudáveis.

De acordo com Paula, ao completar 6 meses de idade, os alimentos complementares devem ser oferecidos à criança três vezes ao dia (papa de fruta, papa salgada e papa de fruta); ao completar 7 meses, deve ser acrescentado ao esquema alimentar a segunda papa salgada. "Lembrando que a salgada deve conter um alimento do grupo dos cereais ou tubérculos, um dos legumes e verduras, um do grupo dos alimentos de origem animal e um das leguminosas".

"Estão liberadas as frutas em geral – cuidado com caroços, cascas e com as muito cítricas –, legumes, verduras, leguminosas, carne, frango – todos sem pele e sem gordura – e os ovos, que, atualmente, são introduzidos a partir do sexto mês", explica Luana.

Para as especialistas, é imprescindível oferecer à criança uma alimentação colorida, pois essa variedade proporciona a quantidade de vitaminas, cálcio, ferro e outros nutrientes de que ela necessita. "A criança que, desde cedo, come frutas, verduras e legumes diversos, recebe maiores quantidades de vitamina, ferro e fibras, além de adquirir hábitos alimentares saudáveis", argumenta Paula.

 POR MICHELLE RAEDER

FUNKY LUNCH / WWW.FUNKYLUNCH.COM

Comida criativa

Usar a imaginação para preparar pratos que chamem a atenção das crianças pode ser uma boa saída para incentivá-las a consumir mais frutas e vegetais

Sabemos que algumas crianças têm problemas para comer, rejeitam determinados alimentos ou querem fazer tudo na hora das refeições, menos se alimentar. Para resolver essa falta de interesse pela comida, muitos pais acabam aderindo a algumas saídas que nem sempre são úteis e podem até atrapalhar o apetite dos pequenos.

"As crianças podem aprender que existem alimentos mais palatáveis do que outros. O comportamento alimentar da família e as práticas adotadas por ela na alimentação da criança proporcionam importantes componentes ambientais que moldam os padrões de aceitação futura dos alimentos", afirma Camila Podete Luiz, nutricionista e especialista em alimentação.

De acordo com ela, sabores distintos, texturas, formas de preparo e de apresentação dos alimentos influenciam diretamente na relação com o que será consumido. "O alimento deve ser desejado, visto e cheirado; deve envolver todos os sentidos, para potencializar o prazer de comer", acrescenta Camila.

DICA CERTA!

Mark aconselha que, para chamar a atenção dos pequenos, os pratos devem ser baseados sempre em algo de que elas gostam, como um personagem de desenho animado, um filme, um animal de estimação etc. "No entanto, se os pais não têm certeza se têm habilidade ou criatividade para criar a comida divertida, então esse será o melhor momento para envolver seu filho no preparo de seus alimentos. Permita-lhe dar a ideia do que fazer e sugerir quais ingredientes utilizar", ensina.

INTERESSE

Foi exatamente por causa da falta de interesse do filho em comer os lanches enviados na lancheira da escola que o empresário britânico Mark Northeast resolveu apostar na criatividade. "Um dia, resolvi fazer uma brincadeira e criei um lanche em formato de um foguete espacial. Para a minha surpresa, ele se interessou e comeu tudo. A partir disso, resolvemos criar comidas engraçadas, para encorajá-lo a experimentar novos sabores", lembra.

Com essa experiência, o empresário tornou o passatempo um negócio, com a criação do *Funky Lunch*, e, hoje, ministra *workshops* para pais e filhos, mostrando os segredos de como "brincar" com os alimentos. "Em nossas palestras, incentivamos as pessoas a ser criativas no preparo dos alimentos, montando personagens que incentivem a imaginação das crianças", explica Mark.

Para Mark, preparar comidas que incitem a criatividade das crianças e envolvê-las no preparo é uma ótima oportunidade para introduzi-las e encorajá-las a experimentar novos sabores e conhecer novos ingredientes. "Sempre que vou às escolas e mostro às crianças tudo o que temos disponível para nos alimentarmos, elas se envolvem no preparo da refeição, usam muitos vegetais e frutas e depois consomem tudo o que prepararam. Essa é uma forma divertida de quebrar as barreiras com os alimentos de que elas acham que não gostam", aconselha.

 POR MICHELLE RAEDER

Todo cuidado é pouco

Crianças são muito sensíveis a determinados alimentos, principalmente em seu primeiro ano de vida. Conheça os tipos mais comuns de alergia e também dicas de como evitar mais problemas

A alimentação das crianças deve ser feita sempre com muito cuidado. É importante prestar atenção no que é ofertado a elas, pois o organismo dos pequenos ainda não está totalmente formado, e suas defesas ainda estão fracas.

Em razão disso, é muito comum que determinados alimentos causem reações alérgicas. De acordo com a especialista em alergia alimentar e membro da Associação Brasileira de Alergia e Imunologia (Asbai) Renata Cocco, as alergias da infância geralmente são por soja, ovo, leite e trigo. "Normalmente, essas reações passam em algum momento, geralmente nos primeiros cinco anos, ou se estendem até no máximo a adolescência, mas elas costumam ceder".

Entretanto, a especialista observa que há alergias que podem começar em qualquer período, na infância até a idade adulta, que comumente são causadas por alimentos como amendoim, castanhas, peixes e frutos do mar e que podem persistir pelo resto da vida do indivíduo. "Essas alergias são causadas por alterações do sistema imunológico, e a probabilidade de que elas desapareçam é de apenas 20%", afirma.

A especialista ainda lembra que não há como evitar uma reação alérgica, pois, mesmo que a criança nunca tenha tido contato direto com determinado alimento, é possível apresentar reação. Ela ressalta que é importante levar em conta o fator hereditário. "Se a criança tem pelo menos um parente de primeiro grau com alergia [asma, rinite, dermatite atópica, alergia alimentar] são consideradas de alto risco, porém, isso não quer dizer que elas serão alérgicas à mesma substância que seu parente e também podem não apresentar reação alguma", afirma.

Renata explica ainda que as reações mais graves podem aparecer já no primeiro contato com o alimento, porém, para apresentar uma reação, a criança precisa já ter tido contato com o alimento, fato que não está ligado apenas à sua ingestão. "Ou seja, o alimento pode ter sido apresentado à criança por meio do leite materno, por exemplo, e isso já é suficiente para sensibilizá-la. Com isso, no contato com o alimento, que pode acontecer na segunda ou na décima vez, o indivíduo apresentará reações", descreve a especialista.

Renata ainda comenta que a primeira manifestação alérgica pode ser leve, moderada ou grave, tudo vai depender do organismo da criança, não há como prever nem evitar isso. Ela aconselha que os pais prestem muita atenção a reações como placas vermelhas na pele, inchaço de olhos e boca, irritabilidade, falta de ar, tosse e alterações gastrointestinais, como diarreia, presença de sangue ou muco nas fezes.

ALERGIA X INTOLERÂNCIA

Especialistas afirmam que é preciso tomar cuidado para não confundir intolerância com alergia, já que ambos os processos são totalmente diferentes e têm tratamentos distintos. "Existe um erro conceitual muito comum quando as pessoas falam em alergia a lactose e a glúten", comenta Renata.

DICAS PARA ALIMENTAÇÃO DA CRIANÇA ALÉRGICA

- Cuidado com alimentos industrializados; os rótulos alimentares podem não ser tão claros, principalmente com a lista de ingredientes de nomenclatura complexa, além do risco da presença de traços de alérgenos (toda substância capaz de desencadear uma reação alérgica) não informados.
- Atenção também aos rótulos de outros produtos industrializados, como os de higiene e cosméticos (sabonetes, pomadas, condicionador, xampu, protetor solar etc.) e de medicamentos (lactulona, suplementos de cálcio etc.), pois estes produtos também podem conter alérgenos.
- A constante leitura do rótulo dos alimentos é muito importante, inclusive de um produto ao qual já se esteja acostumado, pois sua formulação pode mudar.
- Evite produtos que não contenham rótulo com a lista de ingredientes (como, por exemplo, os produzidos em padarias e confeitarias).
- Cuidado com comidas vendidas em restaurantes, lanchonetes e similares. Converse com o responsável e identifique os ingredientes usados nas preparações, bem como o modo de preparo. Na dúvida, não os consuma.
- É imprescindível a orientação médica. Algumas crianças precisam apenas de um antialérgico, outras exigem cuidados mais específicos.

Nutricionista do Hapvida Saúde, Tanara Ferreira do Carmo, explica que a alergia às proteínas do leite de vaca (APVL) e a intolerância à lactose podem ser confundidas com certa frequência. "A APVL é uma reação alérgica às proteínas presentes no leite de vaca ou em seus derivados. Isso ocorre porque, assim que os bebês nascem, seu intestino ainda está imaturo, e a ingestão dessas proteínas pode iniciar um processo de inflamação no aparelho digestivo. Esse fator atinge cerca de 5% dos bebês e crianças com menos de 3 anos de idade. Adultos raramente têm a doença", esclarece.

Segundo Renata, alergia está relacionada a mecanismos imunológicos, enquanto as intolerâncias geralmente ocorrem por falhas no mecanismo de digestão, por falta de produção de uma enzima específica. "No caso da lactose, o indivíduo não produz a lactase, a enzima que quebra o açúcar do leite. É, principalmente, um problema de digestão".

Tanara recomenda que, para a criança com alergia ao leite de vaca, sejam feitas receitas que substituam leites e derivados, além de suprir os nutrientes, para que não haja deficiência nutricional. "Pode-se usar o leite de soja, ou de arroz, nas mesmas quantidades que se utilizaria o leite de vaca", recomenda.

ALERGIA À PROTEÍNA DO LEITE

- Alimentos permitidos: todos os que não tenham leite em sua preparação.
- Alimentos proibidos: leite de vaca, derivados e todos os alimentos que contêm leite.

INTOLERÂNCIA À LACTOSE

- Alimentos permitidos: leite e alimentos com baixos teores de lactose.
- Alimentos proibidos: em geral, leite de vaca.

CELÍACOS (INTOLERÂNCIA AO GLÚTEN)

Alimentos liberados: arroz, milho, fubá, batata, mandioca, inhame, sucos de frutas e vegetais naturais, chás e cafés (com selo Abic), leite em pó esterilizado, leites integrais, desnatados e semidesnatados, leite condensado, cremes de leite, queijos frescos. Verificar se existe alguma observação no rótulo para iogurte e requeijão. Manteiga, margarina, óleos vegetais, azeite, feijão, broto de feijão, ervilha seca, lentilha, amendoim, grão-de-bico, soja (extrato proteico de soja, extrato hidrossolúvel de soja) legumes e verduras, sal, pimenta, cheiro-verde e ervas.

Alimentos proibidos: trigo = farinha, semolina, gérmen e farelo. Aveia = flocos e farinha. Centeio. Cevada = farinha. Malte. Todos os produtos elaborados com os cereais citados acima. Ovomaltine, bebidas contendo malte, cafés misturados com cevada. Leites achocolatados que contenham malte ou extrato de malte, queijos.

SUGESTÃO DE CARDÁPIO SEM GLÚTEN

Café da manhã: suco de fruta, tapioca com ovo

Lanche da manhã: salada de frutas com semente de chia

Almoço: purê de abóbora, frango cozido com legumes, arroz integral, feijão

Sobremesa: tangerina

Lanche da tarde: salada de frutas

Jantar: sopa de legumes

Ceia: iogurte